프롤로그

여러분은 언제 설레임을 느끼세요? 최근에 언제 그런 기분을 느끼셨는지 기억나세요? 저는 그림 그릴 때 늘 설레입니다. 새로운 창작을 할 때나 그림을 그리면서 느끼는 제 기분은 말로는 표현이 잘 안될 만큼 저를 설레게 합니다. 청량제 같다고나 할까요.

제게 그림은, 보석 같은 열매들이기도 합니다. 오랜 시간 보고 또 보아도 제 눈에 반짝반짝이기도 하지만 이미지들을 떠올리며 작품으로 하나씩 완성되는 제 삶의 고백이자 주님께 드리는 노래입니다. 그래서 그림 그리는 시간은 제게 예배입니다. 제 인간적인 노력보다, 주님이 주신 은사와 영감의 결과가 온전히 향기로운 제물로 드려지는 것을 저는 경험하고 있거든요.

이 책 속의 그림들이 컬러링하는 분들에게 작은 위로와 평안을 주기를 기도하며 만들었습니다. 그림을 한 번도 안 그려 보신 분도 있으실 겁니다. 이 책과 함께 새로운 도전도 해보시고, 개성 넘치는 색칠 작업을 통해 기도와 묵상으로 나아가는 힐링 타임을 누리시면 좋겠습니다.

함께 그림을 그리며 늘 제게 용기와 힘이 되어 주는 남편과, 아름다운 책이 나올 수 있도록 배려해 준 두란노 편집부에 깊은 감사를 드립니다. 축복하고픈 이들을 생각하며 컬러링, 시작해 보실까요?

작가 이승애

컬러링을 시작하시기 전에

그림을 처음 그릴 때는 막연함과 두려움 때문에 시도조차 못하고 아예 포기해 버리기 쉽습니다. 이 책 속의 그림들은 밑그림(스케치)이 있어 그림을 처음 그리는 분들도 망설이지 않고 바로 채색할 수 있습니다. 그림을 못 그린다고 염려하지 마세요. 밑그림에 채색을 하면서 하나하나 연습하다 보면 어느새 멋진 작품들이 한 권의 책으로 완성됩니다.

준비물

전문가용 물감, 색연필(24색 이상), 연필, 지우개 등

물감과 색연필

수채화나 색연필은 기본 색(12색)만으로는 풍성하게 표현하기 어렵습니다. 전문가용 24색 이상을 사용하시면 좀더 풍성한 색감을 낼 수 있습니다. 팔레트에 물감을 짤 때는 같은 계열의 색을 순서대로 정리하면 색칠할 때 편리합니다. (투명한 색채의 수채화를 그릴 때는 화이트와 블랙은 되도록 사용하지 않는 것이 좋습니다.)

팔레트

팔레트에 물감을 짤 때는 안쪽부터 꽉 채워 사용하세요. 수채화 물감은 적당히 굳은 채 사용할수록 오래 쓸 수 있는 장점이 있습니다.

축복 담아
컬러링

지은이 _ 이승애

저는 일러스트 프리랜서이자 세 자녀를 둔 엄마입니다. 대학에서 서양화를 전공했고 아무런 제약 없이 자유롭게 그리고 싶어 오랜 기간 프리랜서로 일하고 있습니다. 제 그림에는 꽃이 많이 나옵니다. 어릴 적부터 꽃을 좋아해 수채화 기법으로 다양한 꽃 이미지와 함께 따듯한 마음이 표현되도록 노력하는 중입니다. 최근에는 "향기나는그림세상"이라는 카카오톡 이모티콘으로 출시되어 교회를 다니지 않는 많은 분들에게도 그림으로 예수 믿는 향기를 전하고 있습니다.
단행본 삽화 작업을 오랫동안 하는데 주로 어린이 동화책을 하고 있습니다. 제가 쓴 책으로는《마음을 찍는 사진사》,《행복을 파는 가게》,《향기 나는 그림세상》이 있고, 컬러링북으로는《온가족이 함께 채우는 바이블 컬러링 북》을 내기도 했습니다.

이메일 illustsa@empas.com

축복 담아 컬러링

지은이 | 이승애
초판 발행 | 2019. 11. 26

등록번호 | 제1988-000080호
등록된 곳 | 서울특별시 용산구 서빙고로 65길 38
발행처 | 사단법인 두란노서원
영업부 | 2078-3352 FAX | 080-749-3705
출판부 | 2078-3331

책값은 뒤표지에 있습니다.
ISBN 978-89-531-3649-6 03230 Printed in Korea

독자의 의견을 기다립니다.
tpress@duranno.com www.duranno.com

두란노서원은 바울 사도가 3차 전도여행 때 에베소에서 성령 받은 제자들을 따로 세워 하나님의 말씀으로 양육하던 장소입니다. 사도행전 19장 8-20절의 정신에 따라 첫째 목회자를 돕는 사역과 평신도를 훈련시키는 사역, 둘째 세계선교(TIM)와 문서선교 (단행본·잡지) 사역, 셋째 예수문화 및 경배와 찬양 사역, 그리고 가정·상담 사역 등을 감당하고 있습니다. 1980년 12월 22일에 창립된 두란노서원은 주님 오실 때까지 이 사역들을 계속할 것입니다.

기도와 묵상으로 나아가는 힐링 타임

이승애 지음

축복 담아 컬러링

두란노

붓

화면의 넓은 면을 칠할 때는 주로 평붓(납작한 붓) 또는 백 붓(배경을 칠하는 큰 납작붓)을 사용하고, 세밀한 부분은 얇은 붓이 필요하므로 환 붓(2호, 4호, 6호 등)을 사용하면 됩니다.

* 가급적이면 전문가용을 추천합니다.

기타 도구

물통, 붓의 물기를 흡수할 수 있는 가제 수건이나 키친타월, 휴지 등

색칠하는 순서

1 그림을 골랐다면, 가장 좋아하는 색깔부터 고르세요.

2 처음 칠할 때는 아무것도 섞이지 않은 원색을 골라 색칠하세요.

3 그 다음 점진적으로 같은 계열의 진한 색을 덧칠해 나갑니다.

4 가장자리 부분은 색연필을 더욱 힘주어 진하게 색칠해 한층 선명한 색을 만들어 보세요.

5 색연필 자국이 남지 않고, 자연스럽게 연결되도록 칠하는 것을 잊지 마세요.

밝은톤 중간톤 어두운톤

밝은톤 중간톤 어두운톤

직접 색칠해 보세요

그라데이션 기법 알아두기

그라데이션(gradation)이란 색이 점점 부드럽게 변화하는 단계를 뜻합니다. 밝은 부분에서부터 어두운 부분으로 점진적으로 채색해 나가는 기법으로, 수채화나 색연필은 물론 모든 그림에 두루 적용할 수 있습니다. 색채의 복합적인 효과로 인해, 입체적인 느낌을 주거나 명암을 표현할 때 자주 사용됩니다.

그라데이션을 위한 팁

1 처음 채색할 때는 밝은 색부터 시작해 어두운 색으로 칠해 나가세요.

2 그림의 테두리 색을 더 강하게 칠하세요.

3 그라데이션 효과를 잘 활용하세요.

4 같은 계열 색을 활용하되 컬러 조합을 고려해 보색도 도전해 보세요.

이 책의 활용법

컬러링북을 하면서

1 조용히 혼자만의 시간을 갖고 싶을 때 침묵 기도로 컬러링을 해보세요.
2 설교나 찬양을 듣거나 오디오바이블을 들으며 주님께 집중해 보세요.
3 가족이 모이는 시간에 각자 한 권씩 컬러링을 하며 이야기를 나눠 보세요.
4 소그룹 개강이나 모임에서 새로운 프로그램이 필요할 때 교제의 도구로 활용해 보세요.

컬러링북을 다 하고 나서

1 다 그린 작품들을 사진으로 찍거나 스캔을 받아 다양하게 활용하세요.
2 출력된 작품들을 액자에 담아 가정이나 교회 공간을 장식해 보세요.
3 축하할 일이 있을 때 출력된 작품을 카드나 선물에 붙여 전해 보세요.
4 기도 대상자나 전도와 심방 대상자에게 메시지와 함께 전하세요.
5 책갈피 크기로 출력하여 성경이나 신앙 도서에 끼워 날마다 읽으세요.
6 컵받침 용도에 맞게 원형이나 사각으로 출력하여 사용해 보세요.
7 크리스마스나 교회력에 따라 나만의 그림 카드로 마음을 전해 보세요.

for You

자신을 위해, 그리고 누군가를 위해

기도와 축복의 마음으로

색칠해 보세요

가장 밝은 노란색부터 시작하여 점점 더 진한 색을 덧칠해서 완성합니다. 색과 색이 자연스럽게 연결되게 칠하는 것이 중요합니다. 작은 꽃과 옷도 노란색을 밑색으로 칠하고 원색을 칠해 나가면 색상이 더욱 풍부해집니다.

딸기와 꽃, 과일들은 고유의 색이 살아나도록 선명하게 칠하세요. 꽃은 원하는 색으로 칠하되, 딸기가 신선해 보이도록 노란색을 연하게 칠한 후 붉은 색을 입히면 색감이 돋보입니다.

너는 하나님과
화목하고 평안하라

욥기 22장 21절

LOVE

또 그 집에 들어가면서
평안하기를 빌라

마태복음 10장 12절

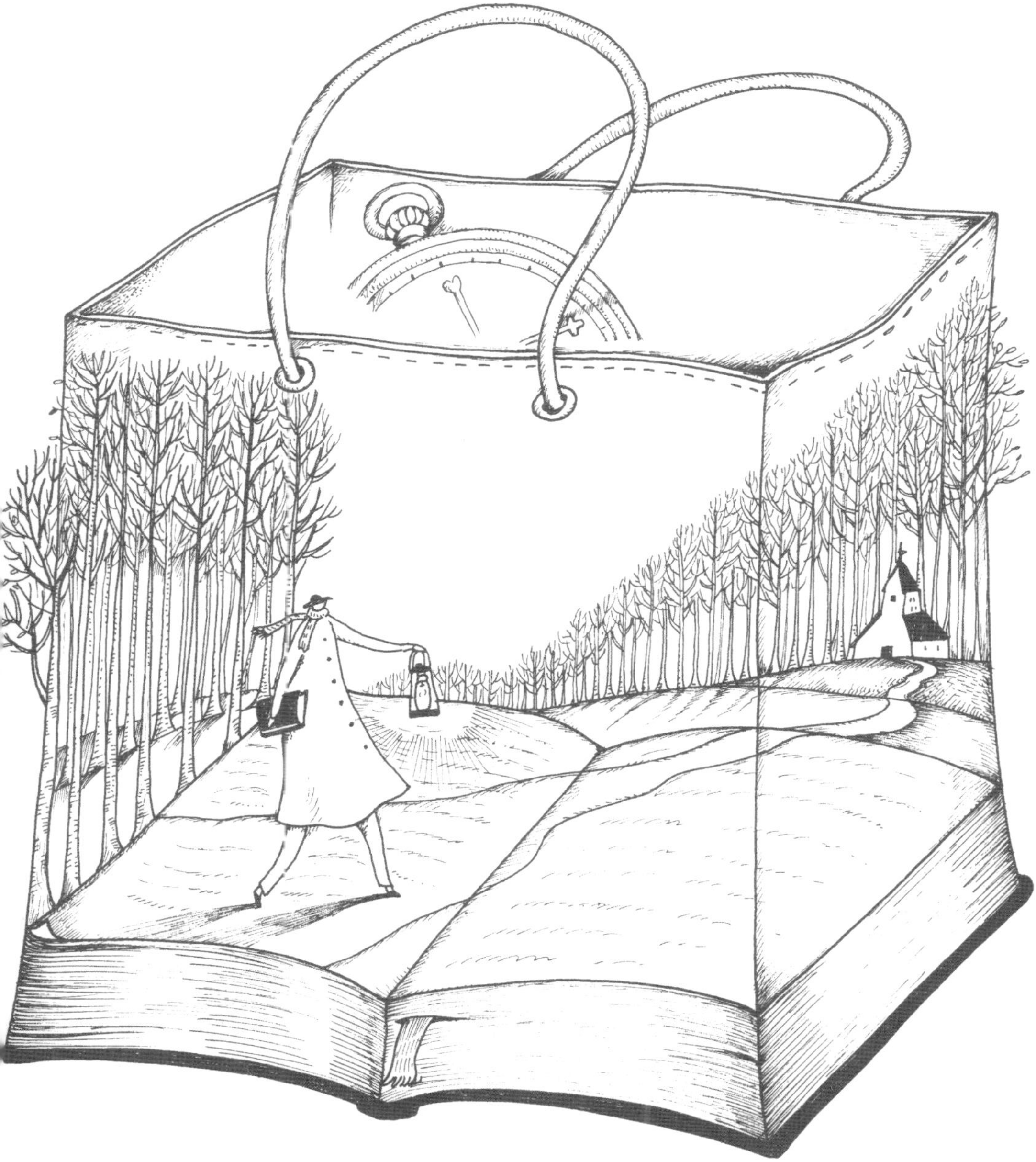

하늘 배경은 원화와 다르게 칠해 보세요. 웃고 있는 여자의 머리는 3가지 색(밝은 하늘색, 분홍, 노랑 등)을 섞어 규칙 없이 자유롭게 칠하면 됩니다.

밤길을 걸어가는 느낌으로 램프 주변은 빛이 번지듯 밝은 노란색으로 칠하고, 나무 주변은 파랑이나 보라색으로 칠해 보세요.

주께서 택하시고

가까이 오게 하사

주의 뜰에 살게 하신 사람은

복이 있나이다

시편 65편 4절

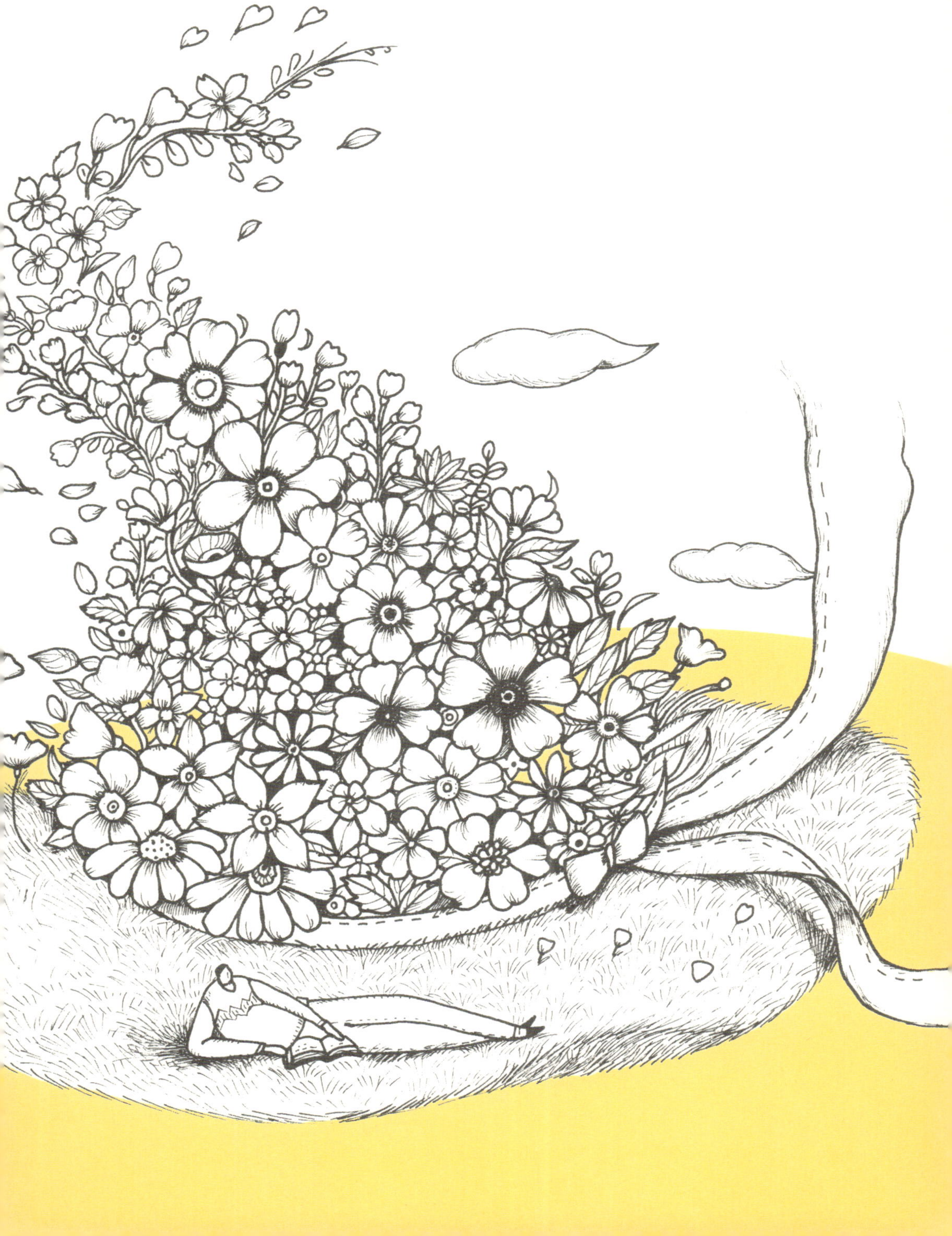

LOVE

내가 천국 열쇠를 네게 주리니
네가 땅에서 무엇이든지 매면
하늘에서도 매일 것이요
네가 땅에서 무엇이든지 풀면
하늘에서도 풀리리라

마태복음 16장 19절

for Couple

가정을 꿈꾸거나 이미 이룬 당신을 축복하며,

가정을 꿈꾸거나 이미 이룬 분들을 위해 기도하며

색칠해 보세요

우산 색깔은 사계절 느낌을 살려 봄은 화사하게, 여름은 청명하고 푸르게 칠해도 됩니다. 가을은 단풍처럼 노랑, 빨강, 갈색 등 붉게, 겨울은 차갑게 채색하세요.

원화처럼 투톤 그라데이션을 잘 활용하여 환상적인 느낌을 살려 보세요. 분홍과 보라색의 경계가 생기지 않도록 부드럽게 연결시켜서 채색하세요.

그러나 온유한 자들은
땅을 차지하며
풍성한 화평으로
즐거워하리로다

시편 37편 11절

Love

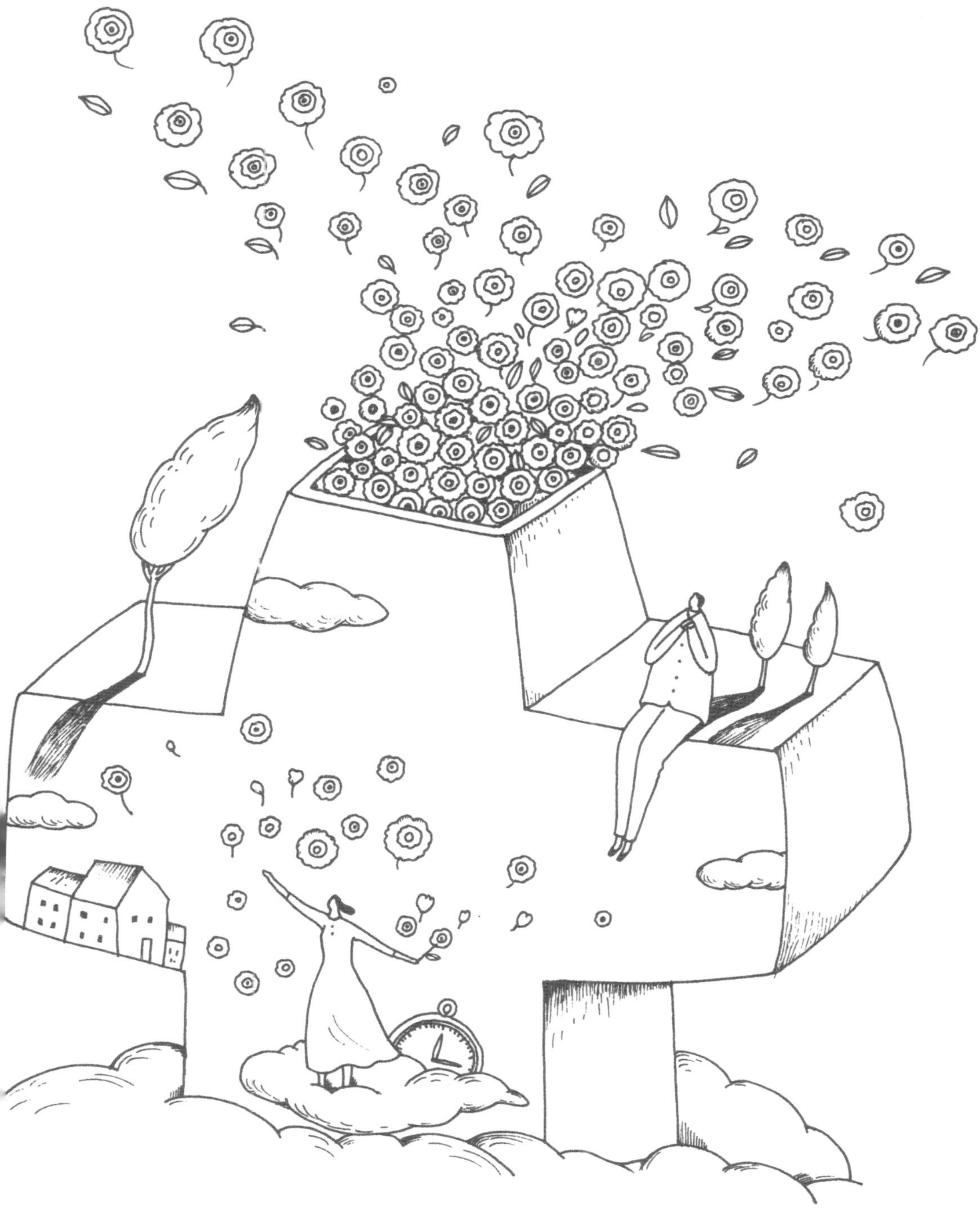

마음을 같이하며

평안할지어다

또 사랑과

평강의 하나님이

너희와 함께

계시리라

고린도후서 13장 11절

for Family

당신의 가족과 속한 공동체를 위해 기도하며,

축복해 주고픈 가족과 공동체를 위해 기도하며

색칠해 보세요

붉은 사과밭 색이 탁하지 않고 밝은 색이 되도록 하는 것이 포인트입니다. 노랑과 붉은 색을 자연스럽게 연결하고, 나무에 달린 사과도 초록과 잘 어우러지게 연결시켜 주세요.

색을 많이 사용할 때는 가장자리를 더 신경써서 진하게 하세요. 소파 분홍색과 잔디밭 가장자리를 진하게 하고 소파와 잔디 사이, 소파와 하늘 사이 노란색을 부드럽게 칠하세요.

그들이 평온함으로 말미암아
기뻐하는 중에 여호와께서
그들이 바라는 항구로
인도하시는도다

시편 107편 30절

family

지극히 높은 곳에서는
하나님께 영광이요
땅에서는 하나님이 기뻐하신
사람들 중에 평화로다

누가복음 2장 14절

컬러 그림 모음

잘라서 카드로 활용하세요.

이스라엘이여 너는 행복한 사람이로다
여호와의 구원을 너같이 얻은 백성이 누구냐

신명기 33장 29절

감사함으로 여호와께 노래하며
수금으로 하나님께
찬양할지어다

시편 147편 7절

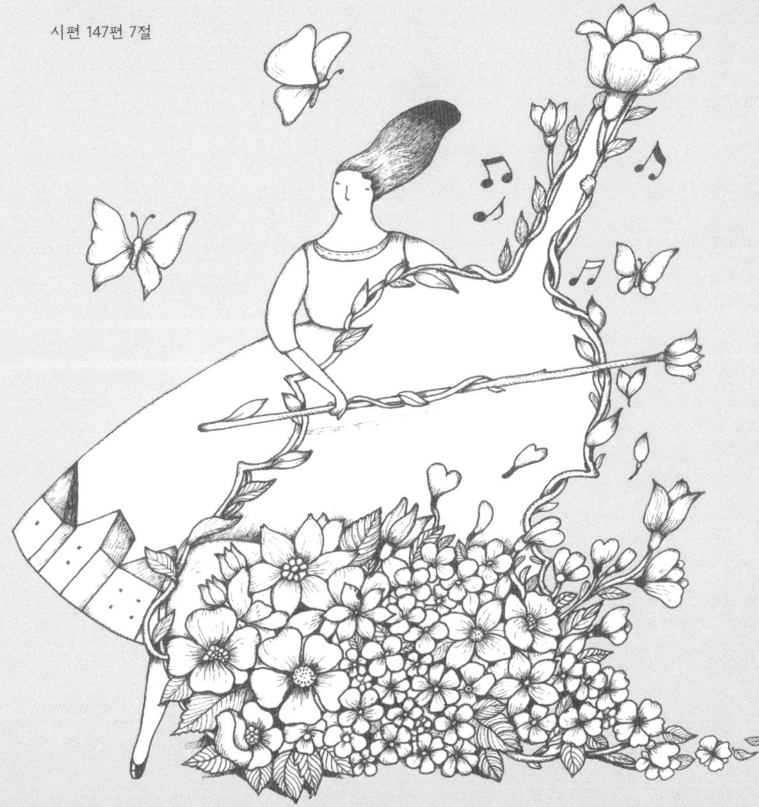

잘라서 카드로 활용하세요.

의인들의 장막에는 기쁜 소리,

구원의 소리가 있음이여

시편 118편 15절

네가 네 손이 수고한 대로 먹을 것이라

네가 복되고 형통하리로다

시편 128편 2절

잘라서 컵받침으로
활용하세요.

잘라서 책갈피로 활용하세요.
빈 공간에 좋아하는 문구를 적거나,
마음을 담아 선물해 보세요.